RÉPUBLIQUE

ET

MONARCHIE

PAR

J.-B. RAVOLD

NANCY
IMPRIMERIE NANCÉIENNE, 3, FAUBOURG STANISLAS

1874

INTRODUCTION

Le provisoire auquel la France est en ce moment condamnée, constitue pour notre pays un immense péril. Tous les partis sont unanimes pour constater le mal; mais dès qu'il s'agit d'indiquer le remède, les avis diffèrent. — Prenez Henri V et le drapeau blanc, s'écrient les Légitimistes! La monarchie traditionnelle seule peut cicatriser les plaies du passé et réparer les maux engendrés par la Révolution. — A défaut du Roy légitime, insinuent discrètement les Orléanistes, le comte de Paris ou le duc d'Aumale s'offre pour saisir le gouvernail. — Arrière les Bourbons! s'écrient les Bonapartistes oublieux de Waterloo et de Sedan. Nul autre que le parti de l'appel au peuple ne possède le secret de faire le bonheur de la France. — A son tour la République vient dire : Je suis, moi, le gouvernement populaire par excellence, le gouvernement à bon marché, sans liste civile ruineuse comme chez les royalistes, sans népotisme; chez moi, nulle exclusion de parti; c'est toujours à moi que le pays a eu recours dans les crises suprê-

mes amenées par la monarchie. Seule, de tous les gouvernements qui se sont succédé depuis près d'un siècle, je n'ai pas été renversée par le peuple. J'ai été étranglée traîtreusement par des guets-apens criminels au moment où je guidais la patrie vers l'avenir de progrès, de lumière, de bien-être et de justice destiné à fermer pour jamais l'ère fatale des Révolutions. A moi la rude tâche de replacer la France au rang glorieux dont la monarchie l'a fait déchoir!

Tel est le langage que tiennent les divers partis qui se meuvent sur la scène politique. Où est la vérité? Dans quel camp le pays trouvera-t-il, pour l'administration *intérieure* aussi bien que pour la politique *extérieure*, la sécurité, la stabilité, l'esprit d'ordre et de suite, la garantie de relèvement qu'appellent les vœux de tous les bons citoyens? Ce n'est assurément pas dans aucun des trois partis monarchiques, comme nous allons le prouver, mais bien dans la République appliquée loyalement, sincèrement.

PREMIÈRE PARTIE

LA MONARCHIE

CHAPITRE PREMIER

LA SITUATION

La République existe. Elle est le gouvernement légal de la France. Une usurpation parlementaire ou une révolution prétorienne seule peut la faire disparaître momentanément. Expression de la souveraineté du peuple, sans exclusion de caste, de secte ou d'origine, elle réalise l'idéal des sociétés modernes que formule l'immortelle devise : LIBERTÉ, EGALITÉ, FRATERNITÉ.

Perpétuellement ouverte à toutes les améliorations, de quelque nature qu'elles puissent être, de quelque source qu'elles émanent, gardienne vigilante des droits des *minorités* tout en administrant au nom des doctrines acceptées par la *majorité*, la République respecte toutes les libertés, garantit à chaque citoyen l'égalité devant la loi et le scrutin, assure d'une manière absolue les droits de discussion, de réunion, d'association, appelle le public à un contrôle sévère, incessant mais loyal sur les actes de tous ses agents, en un mot, réalise le gouvernement réel du peuple, par le peuple et pour le peuple.

Que gagnerait la France à substituer violemment une monarchie quelconque à cette forme de gouvernement qui existe? Où se trouve l'utilité, l'opportunité d'un changement? Quel bienfait nouveau la Monarchie ajoutera-t-elle aux garanties de libre-égalité qui forment l'essence de la République? Est-ce le maintien de l'ordre? Mais depuis trois ans il n'est troublé que par les tentatives de restauration des prétendus conservateurs. — Est-ce la protection de la famille, de la propriété, de la religion? Personne n'y porte atteinte à l'exception des amis des royalistes, les pétroleurs légitimistes et ultramontains d'Espagne. — Est-ce la garantie imaginaire de *stabilité* qu'assure l'*hérédité* monarchique? Nous allons dans le chapitre suivant, faire justice de cette fiction. Enfin quelle voix autorisée par le pays réclame une révolution, triste prélude d'autres révolutions? Est-ce la majorité des électeurs? Non certes. Depuis deux ans, et surtout depuis le 24 mai 1873, le scrutin des départements consultés a consacré, acclamé hautement la République. Il a refusé d'être dupe plus longtemps des sophismes qui présentent la monarchie comme la pierre angulaire de l'ordre social.

CHAPITRE II

LE DOGME DE LA ROYAUTÉ

La France est-elle monarchique par tempérament ainsi que l'affirment les intéressés? Professe-t-elle pour la royauté ce culte, cette vénération qui, par exemple, assurent l'exercice paisible, nullement contesté des diverses religions que salarie notre budget? Qui oserait soutenir un paradoxe pareil? — Au lendemain de toute restauration, n'entend-on pas les intelligences les moins cultivées, les paysans, même des villages les plus arriérés, se dire entre eux : — C'est chose faite, nous avons un souverain, un *maître;* mais pour combien de temps? A quand la prochaine révolution? — Hélas, oui! c'est par le mot de révolution qu'est accueillie partout en France la nouvelle d'un changement de règne. Les mots pompeux d'*hérédité*, de *stabilité* qui autrefois exerçaient un prestige si puissant sur les masses ignorantes en faveur de tout établissement royal, ont perdu toute valeur de nos jours. Peut-il en être autrement quand les générations contemporaines ont vu mourir successivement Louis XVI sur l'échafaud, Napoléon Ier à Sainte-Hélène, Charles X à Gœritz, Louis-Philippe à Claremont, Napoléon III à Chislehurst, quand elles ont constaté que l'onction sacrée donnée en 1804, à Napoléon, par le pape Pie VII, et, en 1825, à Charles X par l'archevêque de Reims, n'a pas empêché le prince légitime aussi bien que le soi-disant usurpateur de partir également pour l'exil (1).

Personne n'a oublié les révolutions, les émeutes, les complots, les attentats qui ont signalé chaque règne depuis le commencement du siècle, pas plus que l'intervention fréquente et forcée de l'armée pour maintenir les trônes debout. Comment, après de pareilles constatations, croire à l'hérédité, à la stabilité monarchique? Mais quand les enseignements de l'histoire seraient oubliés, le spectacle de trois dynasties en compétition pour un trône unique, s'anathématisant, se proscrivant mutuellement par la plume, en attendant que des écrits elles passent à l'action; l'agitation, l'inquiétude entretenues systématiquement dans le pays épuisé par les fautes de la monarchie, ce spectacle seul ne suffirait-il pas pour expliquer la conversion de la nation aux idées républicaines?

Oui, aujourd'hui les masses raisonnent. Le paysan lui-même lit, écoute, compare, juge et conclut en faveur de la démocratie par le raisonnement que voici.

(1) On ose vanter l'hérédité monarchique, quand depuis plus de deux siècles aucun *dauphin* n'est monté sur le trône de France.

Dans sa commune il trouve le type du gouvernement. Le maire représente le chef de l'Etat, le conseil municipal l'Assemblée nationale. Or, pas plus qu'il ne voudrait pour son village d'un maire irresponsable, grassement rétribué, chargé de nommer selon son bon plaisir les fonctionnaires locaux (curé, instituteur, juge-de-paix, garde-champêtre, appariteur, etc.), d'un maire doté d'un pouvoir perpétuel, irrévocable, non-seulement pour lui-même mais encore pour ses descendants, fussent-ils idiots, crétins, scélérats, etc., pas plus que d'un maire pareil, le paysan aujourd'hui ne veut d'un souverain irresponsable, inviolable, placé au-dessus de la loi, investi du droit de conférer à son gré et sans contrôle les plus hautes dignités dans l'ordre civil, judiciaire, religieux et militaire, d'un souverain, maître absolu de transmettre ces priviléges extraordinaires à sa famille pendant de longues générations. Qu'on ne vienne pas lui parler de MONARCHIE CONSTITUTIONNELLE, d'un roi *régnant et ne gouvernant pas,* d'un souverain destiné à jouer le rôle du roi dans un jeu d'échecs, et cela moyennant une liste civile de 40 à 60 millions par an pour lui et les siens. Un pareil sophisme ne saurait le convaincre, car autant vaudrait alors remplacer le monarque automate par une pierre comme chez certain peuple de l'antiquité, ou par un sabre à l'exemple des mamelucks : ce serait un bénéfice net pour le budget. Mais le paysan n'ignore pas qu'un rôle absolument passif est impossible pour le chef de l'État. En effet, celui-ci ne peut se désintéresser des questions publiques, ne fût-ce que de celles qui touchent directement sa dynastie (liste civile, établissement de ses enfants, etc.). Or, ces questions sont liées étroitement à la politique intérieure et extérieure de la nation ; parfois elles se placent au premier rang. Par le seul besoin de défendre le trône contre les partis hostiles, rivaux, un monarque devra s'entourer de défenseurs dévoués, d'une aristocratie d'antique ou de récente création. Il lui faudra caresser le parti clérical, souscrire au *Syllabus*, recevoir les ordres de Rome, s'il ne veut pas que son autorité soit battue en brèche par l'ultramontanisme.

Le campagnard voit ces effets se produire dans sa commune. A peine le maire est-il nommé qu'il s'empresse de confier les fonctions salariées à ses amis, ses partisans, afin de trouver en eux à la fois des serviteurs dévoués, zélés, et des créatures dont la position soit son œuvre personnelle, dont la fortune se trouve attachée à la sienne. Aussi, quand ces derniers sont placés entre l'alternative de sacrifier les intérêts de la commune ou ceux de leur protecteur, on les voit rarement hésiter. Quant au maire lui-même, enivré peu à peu par l'exercice de l'autorité, il s'habitue vite à ne plus rencontrer que des gens inclinés, le chapeau à la main. Insensiblement toute contradiction, si juste qu'elle soit, l'irrite ; bientôt il ne souffre plus, dans son entourage que des approbateurs systématiques. Ceci arrive surtout s'il ne doit pas retremper son mandat dans le suffrage universel.

Voilà ce que constate le paysan dans son village même. Or, de l'effet produit sur son concitoyen par l'écharpe municipale, il juge la métamorphose qu'opérera sur un monarque la possession du trône, et il recule, effrayé, devant les conséquences de l'installation d'une royauté nouvelle. En effet, pour renverser le souverain quand une fois on l'a revêtu du pouvoir suprême, quand, aux frais de la nation, on lui a permis de s'entourer de partisans qui ont reçu de lui ou attendent de son bon vouloir, honneurs, dignités, récompenses, etc., il ne faut rien moins qu'une révolution, c'est-à-dire, du sang, des ruines et surtout des charges, des impositions nouvelles et permanentes.

C'est ce que sait aujourd'hui l'habitant de la campagne aussi bien que l'habitant des villes.

De là leurs votes républicains et leur dédain pour les prétendants, à commencer par le comte de Chambord.

CHAPITRE III

LA LÉGITIMITÉ

C'est à titre d'héritier des souverains qui pendant quatorze siècles ont régné sur la France que le comte de Chambord réclame le trône. Infatué de ce qu'il appelle son droit, il oublie entièrement les misères que firent endurer au peuple, avant 1789 (1) les ancêtres dont il revendique l'héritage. A ses yeux, les maux causés à la patrie par l'émigration, la Restauration de 1815, grâce aux Prussiens et aux Cosaques, les deux Terreurs blanches (1794-95 1815-16), Trestaillons, les Cours prévôtales, les

(1) « Trois mots, dit Ch. Louandre (De l'alimentation publique sous l'ancienne monarchie) : la guerre, la peste, la famine résument au moyen-âge toute notre histoire. Les populations s'entretuent ou meurent de faim ; et quand on suit, à travers les récits du passé, tant de luttes sanglantes et tant de désastres, on s'étonne qu'un peuple ait pu survivre à de pareilles misères et qu'il soit resté des hommes... *Dix grandes famines* (ici on entend parler des époques où il faut recourir à des denrées qui n'entrent point d'ordinaire dans l'alimentation, où une foule d'individus meurent littéralement de faim), dans le xe siècle, 26 dans le xie, 3 dans le xiie, 4 dans le xive, 7 dans le xve, 6 dans le xvie, 5 dans le xviie, 3 dans le xviiie, sans compter les disettes et les chertés excessives qui se produisent constamment et qui dans les derniers temps sont permanentes : tel est sous l'ancienne monarchie le bilan de la misère...... D'où vient cette constante difficulté de vivre ? Faut-il s'en prendre à l'imperfection de l'agriculture ? Non, le moyen-âge n'était pas dépourvu d'expérience et d'habileté pratique. Faut-il accuser exclusivement les intempéries des saisons ou la colère des éléments ? Non, car la nature est immuable... L'origine du mal résidait dans l'organisation de la société française qui présentait un prodigieux ensemble de fausses mesures que l'on ne pouvait réformer qu'en changeant les bases mêmes de la société... Ces mesures peuvent se résumer ainsi : constitution de la propriété foncière, impôts, redevances féodales — dîmes, tailles, fermages — réglementation agricole, etc. »

Ordonnances, le sang qui a rougi les pavés de Paris en 1830, l'échauffourée de la Vendée en 1832, le drame de la citadelle de Blaye, tout cela n'existe pas. On dirait, au contraire, que tous ces faits lamentables, loin d'avoir creusé un abîme entre la légitimité et la nation, sont des titres à la possession du pouvoir.

Soit. A l'exemple du prétendant passons ces pages sinistres de notre histoire. Attachons-nous au présent. Examinons le programme du champion de l'absolutisme. Voyons l'avenir qu'il prépare à la France, quelle politique *intérieure* et *extérieure* Chambord entend inaugurer, de quels appuis il prétend étayer son trône.

— Partisans de Henri V. — Politique intérieure. — Nul n'ignore qu'au premier rang parmi les partisans de Chambord, figure la fraction la plus rétrograde de l'ancienne noblesse unie à la masse du clergé catholique. Les cadres de l'armée absolutiste se composent donc aujourd'hui des mêmes éléments qu'on vit à l'œuvre de 1815 à 1830. Nulle dissemblance quant aux acteurs principaux; mais quelle différence dans la situation sociale et politique! — La Restauration n'avait pas à compter avec la souveraineté du peuple. Elle put faire impunément litière de l'une des plus précieuses conquêtes de 1789 : l'*Egalité*. Grâce à l'invasion, le roi de *droit divin* dicta ses conditions dans la Charte octroyée. Seule, la haute bourgeoisie, les citoyens payant 300 fr. de contributions, furent investis du privilége de concourir à l'élection des représentants de la nation dans la CHAMBRE DES DÉPUTÉS. Le reste du pays fut traité en ilote. La noblesse obtint une vraie prépondérance politique en peuplant dans une large proportion la Chambre haute, la CHAMBRE DES PAIRS. Quant au clergé, devenu presque omnipotent, il fut installé partout; son représentant siégeait au ministère. La sanctification obligatoire du dimanche scellait l'alliance intime du trône et de l'autel. Le rêve à peine caressé de nos jours par les réacteurs les plus aveugles était alors une réalité puissante. Quelle digue contre le flot populaire dans de pareilles institutions consolidées par quinze ans de domination! Etait-il à craindre que jamais les déshérités du droit de suffrage parvinssent à battre en brèche cette forte citadelle du privilége? — Elle s'écroula néanmoins, quand les *Ordonnances*, cette formule brutale du bon plaisir monarchique, vinrent menacer le reste des conquêtes de 1789 épargnées en 1815. Circonstance digne de remarque! Ce furent les priviligiés eux-mêmes, les bourgeois, qui poussèrent le peuple à l'assaut de cette monarchie cléricale, forcée de défendre à la fois le sceptre et l'encensoir contre le besoin de liberté devenu universel. Oui, autant que le trône, la mitre se trouvait en cause, en 1830. Et cependant le clergé n'avait pas encore adopté en masse les principes absolutistes qu'il défend aujourd'hui avec tant d'acharnement. On comptait bon nombre de défenseurs des libertés de l'église gallicane contre le Vatican. Rome n'avait pas encore jeté par le *Syllabus* un défi à la société moderne. On ne songeait aucunement à répudier les traditions du moyen-âge pour proclamer, par la voix d'un concile, l'infaillibilité du pape. L'orage éclata néanmoins et fit disparaître l'œuvre de la Sainte-Alliance, non-seulement en France mais encore chez d'autres peuples du continent.

Voilà les faits constatés par l'histoire. Pouvait-on croire qu'après une pareille expérience on songeât jamais à ressusciter un passé d'autant plus impossible, que 25 ans de fonctionnement non interrompu du suffrage universel ont fait de l'égalité un besoin social, que les désastres de 1870-71 forcent la nation, sous peine de suicide, à marcher en avant. C'est cependant une pareille reculade que n'hésite pas à tenter le parti légitimico-clérical. Il caresse l'utopie de greffer le droit divin sur le droit populaire restreint, d'allier l'absolutisme avec une liberté relative. Un semblable adultère est-il possible ? Non assurément. Autant espérer concilier la lumière et les ténèbres, la vérité et le mensonge. Notons que, sincère et loyal, le prétendant ne met pas de masque, qu'il déploie franchement l'emblème de l'absolutisme, le drapeau blanc, et répudie les faux-fuyants par lesquels ses partisans essaient de colorer leurs desseins secrets. « *Je ne serai pas le roi de la Révolution*, dit-il nettement dans un manifeste. En d'autres termes :

« Je ferai revivre les jours de la Restauration, en associant la noblesse et le clergé à mon règne. » Déclaration significative, qui explique le fanatisme que les intéressés déploient pour l'avénement au pouvoir du comte de Chambord.

Ces prémisses données, est-il un homme de bonne foi qui puisse envisager sans effroi une restauration légitimiste? Que deviendraient alors les principes de 1789, les libertés de presse, de réunion, d'association, de conscience, etc. ? A combien d'électeurs conserverait-on le droit de vote quand, le 5 mai dernier, le pape, l'oracle des hommes du droit divin, a proclamé le suffrage universel « *un* MENSONGE UNIVERSEL, *une* PLAIE HORRIBLE *qui afflige l'espèce humaine, et détruit* L'ORDRE *social* (1). » Quelles seraient les prétentions de l'ultramontanisme devenu omnipotent ? Que deviendrait l'avenir de la patrie ?

Envisagée au seul point de vue de l'administration intérieure, la Restauration est déjà grosse de révolutions. Ce serait l'inauguration d'une lutte acharnée entre le pouvoir et la nation, le commencement d'une ère d'épuisement, de guerre civile. Au point de vue de la politique extérieure, la perspective est plus effrayante encore.

POLITIQUE EXTÉRIEURE. — En 1815, les Bourbons, venus dans les fourgons des Cosaques et des Prus-

(1) Allocution à M. le vicomte de Damas, président du comité des pèlerinages.

siens, n'avaient à s'occuper que des seules difficultés touchant la France. Les alliés, et plus tard la Sainte-Alliance s'attribuèrent le règlement des questions de la politique extérieure. On voulait revenir aux traditions antérieures à 1789. Les traités de 1815 consacrèrent le partage des dépouilles de la France. On traça, dans les territoires conquis par la République et l'Empire, des frontières qu'on proclamait éternelles. — L'Italie, l'Allemagne unifiées, l'Autriche abaissée, chassée de l'Italie, la France dépouillée de la Lorraine et de l'Alsace auraient paru aux membres du Congrès de Vienne un digne pendant de l'utopie généreuse de l'abbé Saint-Pierre. — Le pape, doté de son domaine temporel par les puissances protestantes, l'Angleterre, la Russie, la Prusse, chantait avec les Bourbons des *Te Deum* en faveur des vainqueurs de notre pauvre patrie. L'accord était parfait, l'entente unanime. Aucun nuage n'assombrissait l'horizon.

Aujourd'hui, quelle différence ! L'Europe catholique, aussi bien que l'Europe protestante, provoquées par les doctrines ultramontaines du *Syllabus* et le dogme de l'infaillibilité, suivent avec anxiété la lutte engagée dans notre pays par le jésuitisme contre la liberté. La tranquillité, qu'en 1815 elle espérait du règne des Bourbons, elle l'attend aujourd'hui de la République. — Dans le comte de Chambord, comme dans les autres prétendants dynastiques, elle voit, avec raison, les séïdes du pape depuis longtemps en quête d'une épée pour reconquérir le pouvoir temporel. L'avénement au trône de France d'un prétendant quelconque lui paraît le signal certain d'une guerre de notre nation contre l'Italie et par cela même contre la Prusse, la nouvelle alliée de Victor Emmanuel. Hélas, oui! grâce à l'ultramontanisme, nous sommes devenus suspects à l'Europe. Les puissances protestantes, la Russie, la Prusse, ont rompu plus ou moins avec le Vatican, où nos monarchistes vont prendre le mot d'ordre. L'Autriche aussi a dû se raidir contre les prétentions de Rome, et voter une loi d'émancipation. La catholique Espagne est ensanglantée depuis plus de deux ans par un prétendant orthodoxe, cher aux jésuites, qui apporte à ses sujets bien-aimés, comme don de joyeux avénement, le pillage, le massacre et la dévastation. Partout, les ultramontains s'insurgent contre la société moderne, et provoquent une répulsion trop justifiée.

La perspective d'une guerre avec l'Italie, et par elle avec l'Allemagne, la négation des conquêtes de la Révolution ; la suppression du suffrage universel ; la suspension de la liberté de la presse, de conscience ; la confiscation du droit de réunion ; une religion d'Etat ; la prépondérance illimitée de la noblesse et du clergé : tels seraient les résultats de l'avénement au pouvoir des clérico-légitimistes. Espérons qu'après les désastres de 1870-71, cette nouvelle calamité sera épargnée à notre pauvre patrie !

CHAPITRE IV

LES ORLÉANISTES

Depuis le 5 août 1873, l'orléanisme officiel, ayant un drapeau, une espèce de programme propre, n'existe plus. Il s'est inféodé à la légitimité. Le comte de Paris est aujourd'hui le *dauphin de France*. Comme le comte de Chambord, il se trouve l'homme-lige de l'ultramontanisme. Cependant, comme le duc d'Aumale semble vouloir faire schisme et porter haut le « drapeau chéri, » le drapeau tricolore avec le coq gaulois, il importe d'examiner le *passé* et le *présent* du groupe dissident. Voyons le passé.

Quel a été, de 1830 à 1848, le programme des orléanistes ? Les remplaçants de Charles X ont-ils proclamé la souveraineté du peuple, *l'égalité* de tous devant la loi et le scrutin ? Non, certes. Ils se sont contentés d'amender dans un sens plus libéral la *Charte octroyée* de 1814, et de substituer au drapeau blanc le drapeau flottant sur les barricades de Juillet, le drapeau tricolore. Les priviléges furent maintenus. On conféra au roi l'inviolabilité, le droit de dissoudre la Chambre des Députés, l'hérédité pour sa famille en même temps qu'on le dotait d'une forte liste civile et du droit de nommer les titulaires de tous les emplois quelque peu importants. L'aristocratie fut maintenue dans la *Chambre des Pairs.* Celle-ci, selon l'expression énergique d'un écrivain, devint « le refuge de tous les blessés au pouvoir, l'hôtel des Invalides de la domesticité royale... » On abaissa de 300 fr. à 200 fr. le cens pour l'élection des membres de la *Chambre des Députés* (1). La liberté de la presse fut tolérée pendant quelque temps, puis on revint aux procédés de compression pratiqués par la Restauration. Nulle trace d'*égalité.* En 1847, un ministre, à la tribune de la Chambre, appelait le suffrage universel « une utopie impraticable. » Pendant 18 ans, on pratiqua le système de la paix à tout prix. « *Chacun pour soi, chacun chez soi* » : tel fut le *credo* nouveau. La recherche exclusive des intérêts matériels se vit érigée en culte : « *Enrichissez-vous* » criait le juste-milieu. Le souverain donnait l'exemple. Sa nombreuse famille obtint des grades dans l'armée et reçut une large part des deniers de la nation. Au mariage de chacun de ses enfants, le roi, l'un des plus riches princes de l'Europe, tendait la sébille au budget : « Un pauvre petit million pour l'amour de Dieu, » comme disait Cormenin avec sa verve mordante.

(1) Combien paies-tu de contributions par an, disait la Charte aux privilégiés ? — 200 fr. — Heureux et intelligent citoyen, entre dans la curie, tu es digne de voter. — Et toi ? — Moi, je verse annuellement au fisc 199 fr. 99 c. — Arrière, intrus ! tu ne possèdes pas les qualités requises pour faire honneur au collége électoral.

Pour rapprocher le duc de Montpensier du trône espagnol, le monarque n'hésita pas à sacrifier l'alliance anglaise, en faveur de laquelle on avait fait pendant 12 ans les sacrifices les plus humiliants. Enfin, ce fut la négation d'une égalité relative, l'abaissement du cens de 200 à 100 fr., avec l'adjonction des capacités, ce fut la confiscation du droit de réunion qui souleva les barricades de 1848.

Donc, d'une part, répudiation du principe d'*égalité*, d'autre part, refus de l'usage de la *liberté* : tels sont, dans le passé, les titres des orléanistes aux suffrages de la nation.

Dans le présent, voici leur bilan : quarante à cinquante millions réclamés à la France au moment où elle se saignait à blanc pour obtenir de l'ennemi l'évacuation, par le paiement de l'effrayante rançon imposée par la Prusse ; d'Aumale et Joinville réintégrés dans les grades de général et d'amiral, obtenus autrefois plutôt en qualité de membres de la famille royale que par les droits acquis au milieu de l'armée de terre et de mer ; les ducs de Penthièvre et d'Alençon dotés exceptionnellement de grades élevés acquis dans les armées étrangères et non dans les rangs des soldats de la patrie.

Quelle serait la *politique intérieure* des d'Orléans, s'ils arrivaient au pouvoir ? Où chercheraient-ils les appuis de leur trône ? — La place qu'occupent à la Chambre de Versailles MM. d'Aumale et de Joinville, leurs votes depuis près de trois ans, prouvent qu'ils feraient revivre le système de 1830. Leur peu de sympathie pour la libre-égalité est universellement connue. Quant aux appuis de la dynastie, ils se recruteraient parmi les ultramontains, les conservateurs bornes, les réactionnaires les plus fanatiques. Avec le drapeau tricolore, les orléanistes dissidents devraient soutenir une lutte pareille à celle qu'amènerait le retour du drapeau blanc.

La *politique extérieure* serait la même que celle du comte de Chambord. Aujourd'hui, quelle que soit sa forme, la monarchie doit s'appuyer forcément sur le parti clérical, qui est son dernier refuge. On connait la devise de ce parti : « Rome et son territoire au pape ; l'Italie expulsée de la ville éternelle. »

Si l'orléanisme était une force aux yeux de l'Europe, si les princes de la branche cadette avaient eu l'ombre d'espoir d'user avec fruit, en faveur de la France, de leurs alliances de famille avec les dynasties régnantes, avec la Prusse surtout, ils se seraient présentés, en février 1871, pour plaider la cause si triste de notre pays. Mais, comme Chambord, comme les Bonaparte, les d'Orléans ont reconnu leur impuissance; ils sont restés à l'écart. La République a dû boire le calice amer, fournir l'énorme rançon, et obtenir l'évacuation. Aujourd'hui que, selon une expression pittoresque, les ronces sont écartées, que « le lit est fait, » les prétendants faméliques accourent pour s'y fourrer.

CHAPITRE V

LES BONAPARTISTES

Deux fois dans notre siècle, la famille des Bonaparte s'est emparée du pouvoir par la force brutale, et deux fois elle a amené l'invasion et provoqué le démembrement de la France.

En 1804, lors de la proclamation du premier Empire, la Belgique et la rive gauche du Rhin nous appartenaient avec la sanction solennelle de l'Europe. L'Italie était notre alliée; la Confédération du Rhin marchait sous notre direction. — En 1815, toutes les conquêtes de la République nous ont été enlevées. On entama même le sol de l'ancienne France. Les Bourbons consentirent à la perte de Philippeville, Marienbourg, Condé, Sarrelouis, etc. De plus, il fallut payer des milliards aux alliés. On avait sacrifié plus d'un demi-million de Français, et dévoré des sommes fabuleuses pour asseoir sur des trônes éphémères les frères ineptes de Napoléon.

En 1848-49, la République française était en paix avec le monde entier. Les monarques tremblaient sur leurs trônes. L'Italie, l'Allemagne, la

Hongrie, tournaient leurs yeux, leurs mains vers nous, en attendant leur délivrance. La France se trouvait à la tête des nations du continent. Pour la première fois, depuis de longues années, le budget, constamment en déficit sous la monarchie, était en équilibre. La dette publique n'atteignait pas exactement le chiffre de six milliards. — En 1871, l'ennemi, amené d'un « cœur léger, » pour des « susceptibilités » au cœur de la France par cette guerre insensée que l'impératrice appelait « sa guerre, » l'ennemi nous a ravi l'Alsace et une partie de la Lorraine. La dette publique s'élève à près 21 milliards (1). Nous sommes sans amis, sans alliés

(1) « Du 1er janvier 1852 au 1er janvier 1870 le capital de la dette inscrite était monté de 5,728,232,295 fr. à 11,418,973,611 fr., et depuis le 1er janvier 1870, par suite de la guerre, le capital de la dette a été augmenté de 9 milliards, 212,812,400 fr.

M. MAGNE (bonapartiste) lui-même, dans son rapport du 28 octobre 1873 au président de la République, évalue les charges résultant de la guerre de 1870 à la somme de 9 milliards 287,882,000 fr.

M. de la BOUILLERIE, dans son rapport du 27 mars 1872, au nom de la commission du budget, avait dit avant M. Magne : « Neuf milliards et demi, voilà ce que coûtent en capital à l'Etat, les événements qui se sont accomplis depuis le mois d'août 1870 (sans parler des 60 *millions de revenus que la cession du territoire lui enlève*, et nous passons sous silence les souffrances et les pertes particulières dont jamais on ne connaîtra l'étendue)... Dans ces chiffres ne figure pas le milliard que nous sommes forcés de dépenser en fortifications, en armements, en approvisionnements, pour refaire, dans l'Europe, avec une longue frontière ouverte, depuis le Luxembourg jusqu'à Belfort, brèche immense, qui permet à l'ennemi d'aller jusque sous le canon de Paris sans rencontrer un obstacle infranchissable. Tels sont les résultats amenés par les deux empires. Et les Bonaparte osent encore aspirer à la domination de la France? (1)

En échange de ces sacrifices lamentables, de quel bienfait le régime impérial a-t-il doté la nation? Où sont les grands écrivains, les publicistes, les orateurs éloquents qu'il a produits? Hélas! la stérilité est déplorable. Nous vivons en grande partie par les hommes du passé, par les talents éclos avant 1852. Cela est tellement vrai qu'en 1868, lorsque Bonaparte entr'ouvrit le bâillon posé depuis 16 ans sur les lèvres de la France, il dut recourir à des transfuges du parti républicain pour faire plaider les circonstances atténuantes. On ne

bien incomplétement, les moyens de défense que nous avons perdus avec *notre frontière de l'Est*. Le budget annuel plus que doublé, porté à près de trois milliards ; le capital de la dette publique presque quatruplé, porté de 5,728,232,295 fr. à plus de 20 milliards : voilà les charges financières que le second Empire nous a légués, en face de l'Europe en armes, profondément agitée par la politique impériale. » (Guichard. *Les finances du second Empire*, pages 7 et 8).

(1) On sait que la famille Bonaparte nous coûtait plus de 60 millions par an. Eh bien ! malgré l'épouvantable rançon à payer à l'Allemagne, grâce aux folies de l'Empire, la veuve de l'homme de Sedan a encore tendu la main à la France en mars dernier. Elle a obtenu la levée du séquestre mis sur le musée de Fontainebleau.

saurait trop le répéter, Napoléon III fit revivre le régime de compression de son oncle que Shéridan, en 1802, stigmatisait en ces termes : « Tout homme qui arrive de France en Angleterre croit s'échapper d'un donjon. » Nulle *liberté*, ni de presse, ni de réunion, ni d'association. Une *égalité* dérisoire qui convertissait les électeurs en automates destinés à déposer docilement, silencieusement dans l'urne, le nom d'un candidat officiel, appelé lui-même à sanctionner aveuglément les actes bons ou mauvais du maître. Une léthargie si profonde qu'à l'arrivée de l'envahisseur, les populations, énervées et sans armes, se trouvèrent surprises, et ne surent se défendre. Le seul avantage qu'on puisse préconiser avec quelque apparence de vérité, c'est le niveau de bien-être qui s'est élevé, la prospérité matérielle qui s'est accrue sous ce règne. Mais ce bienfait n'est pas particulier à la France ; toutes les nations du continent l'ont reçu plus ou moins en partage. Il est le résultat de l'amélioration de l'agriculture, de la rapidité des communications, de l'extension du commerce, etc. C'est grâce à ce progrès, en quelque sorte universel, que la Prusse, si pauvre comparativement à nous, a pu préparer les moyens de nous vaincre. En quelques mois, l'Allemagne nous a ravi impunément le fruit de vingt ans de labeur et d'économie. Les 757 millions d'impositions nouvelles par an dont nous grève à perpétuité la politique insensée de l'Empire, ramène la France bien en deçà de la position matérielle acquise en 1851 (1).

Avec un passé pareil, on se demande à quels titres les bonapartistes osent prétendre au gouvernement de la France. Après Waterloo et Sedan, veulent-ils infliger à la patrie un troisième désastre, provoquer un troisième démembrement? Prétendent-ils enchaîner de nouveau la nation et la plonger dans l'ignorance ? Et quel accueil pensent-ils que l'Europe réserverait à la restauration d'une dynastie qui, pendant la durée de deux règnes, l'a harcelée par ses prétentions dominatrices, dictatoriales, qui a fait de la guerre le pivot exclusif de sa politique et qui, comme la famille des Bourbons, s'est appuyée sur les ultramontains? Supposent-ils que l'Italie a oublié que pendant dix ans Bonaparte lui a barré le chemin de Rome, qu'en juillet 1870 il fut sourd à la voix de l'Autriche, l'engageant à cesser une occupation impolitique, enfin que des revers seuls amenèrent l'évacuation de la Péninsule par nos troupes?

Est-il nécessaire de réfuter le prétendu dogme de l'*appel au peuple*. Qui ne sait ce qu'il vaut? En

(1) A l'exemple des *satisfaits* de l'Orléanisme, après 1848, les Bonapartistes cessent d'exploiter l'ancienne légende de *gloire* du premier Empire, pour exalter uniquement le culte des intérêts matériels. Comme les ex-censitaires ils supposent qu'à la place du cœur la France a un écu. Ils se gardent d'invoquer encore la fameuse devise : HONNEUR ET PATRIE ! » Comment, en effet, parler d'honneur après Sedan, de patrie, en face de Metz livrée, de l'Alsace et de la Lorraine sacrifiées.

1800 comme en 1852 et en 1870, on a dit à la nation : « Je suis au pouvoir grâce à un coup de force. Je n'entends pas le quitter pour aller m'asseoir, en compagnie de mes complices, sur le banc des accusés. Pour ce motif, je ne me suis pas donné de concurrent. Vous avez donc à choisir entre moi et le néant, l'anarchie. Votez librement sous la surveillance de mes partisans, et n'oubliez pas qu'il y a encore de la place dans les cachots où gémissent déjà les citoyens connus par leur amour pour la liberté.

Voilà la théorie de l'appel au peuple. Les bonapartistes pensent-ils que la nation sera dupe une troisième fois de leurs déclamations captieuses? Non. Trop de ruines sont déjà amoncelées. La France ne veut pas devenir une autre Pologne. Il faut qu'elle se régénère par la liberté. Or, l'impérialisme en est la négation brutale.

CHAPITRE VI

CONSERVATEURS-ROYALISTES — RÉACTIONNAIRES

La coalition qui s'intitule le PARTI CONSERVATEUR, et qui n'est rien autre chose que la ligue des castes rétrogrades contre la République, n'est pas nouvelle en France. Ses devanciers ont marqué de leur empreinte fatale nombre de pages de notre histoire passée et contemporaine. Le parti clérical, son inspirateur et son guide, a exploité à maintes reprises les passions à l'ordre du jour, au profit de ses desseins avoués ou secrets. Toujours l'action des prétendus conservateurs a été purement négative ; jamais le progrès n'a enregistré une conquête, fruit de leur initiative. Les efforts anti-libéraux accomplis jusqu'à ce jour, toujours funestes à la patrie, n'ont pu réaliser la chimère vainement poursuivie : la domination définitive du trône et de l'autel. Etranglée trois fois pour l'accomplissement de ce dessein néfaste, la République est ressuscitée trois fois, et à chaque apparition nouvelle, elle a trouvé des adhérents plus nombreux et plus décidés qui lui ont demandé le relèvement de la France par la liberté et le progrès. Un coup d'œil rapide sur l'histoire des 80 dernières années va faire la preuve de cette vérité.

Dès 1789, au lendemain de la prise de la Bastille, on rencontre l'action de certains meneurs se disant conservateurs. Leurs vœux accompagnent les émigrés dans la croisade criminelle entreprise contre les idées nouvelles qui enthousiasment la France et l'Europe. Leur action, combinée avec celle du clergé, embrase la Vendée et envenime les dissentiments des partis rivaux qui épuisent la patrie, pendant que nos soldats luttent contre l'Europe coalisée. Le 9 thermidor leur sert d'étape pour arriver au 13 vendémiaire. Ebranlés un instant par cette journée et celle du 18 fructidor, les conservateurs triomphent au 18 brumaire, qui inaugure le *césarisme*. La République, morte en réalité, quoique le nom soit encore conservé, leur fait entrevoir un trône. 1804 comble leurs vœux. Cette fois, les funérailles de la liberté sont définitives. Un empire autoritaire s'implante dans la nation. Mais bientôt la scission s'opère. Le signataire du Concordat, l'oint du souverain pontife, rompt avec Rome, incarcère le pape. Pendant que les libres-penseurs demeurent fidèles à l'empire, les cléricaux s'entendent avec les irréconciliables de l'émigration. 1815 amène la réconciliation. Les conservateurs de toute nuance, unis comme ils le sont aujourd'hui, siégent dans la CHAMBRE INTROUVABLE. Le rêve caressé depuis vingt ans se réalise. Le trône et l'autel triomphent, règnent ensemble. Villèle compte les coalisés au nombre des soutiens les plus fervents de la Chambre septennale. Ils votent *le milliard des émigrés*, applaudissent à la loi du *sacrilége*, à la *loi d'amour* contre la presse. Polignac s'appuie sur eux contre les 221 députés de l'opposition.

Divisés de nouveau, un instant après 1830, ils se rallient bien vite contre le libéralisme autour du roi des barricades qui a donné des gages à la réaction. La quasi-légitimité obtient le concours servile, prêté successivement à l'Empire et à la Royauté du drapeau blanc. C'est toujours une monarchie, la négation de l'égalité, l'absence de la République.

Février 1848 surprend les rétrogrades comme un coup de foudre. La liberté, l'égalité supprimées tant de fois renaissent. La République sort du tombeau. L'Europe tressaille, bat des mains et nous imite. Milan, Venise, Naples, Munich, Berlin, Vienne s'insurgent. C'est l'aurore d'une ère nouvelle. — Les conservateurs, déconcertés, affichent une conversion bruyante. Ils deviennent tous républicains, Louis Bonaparte aussi bien que Montalembert, l'*Univers* non moins que le *Journal des Débats*. Hélas ! cette évolution cache le serpent sous la fleur. Sous le masque libéral, on veut reformer en toute sécurité les phalanges de l'absolutisme. En attendant, Lamartine est proclamé un Dieu. Bientôt, l'astre du poëte pâlit ; on l'abandonne pour Cavaignac. Celui-ci à son tour est délaissé pour Bonaparte. Le triste héros de Strasbourg et de Boulogne a prouvé par deux échauffourées ses appétits monarchiques : c'est un titre aux yeux des réacteurs. D'ailleurs, Rome a proclamé la République ; le pape est sorti de l'antique cité des Césars. Il faut qu'il y rentre en souverain absolu, même à travers des fleuves de sang. Les conservateurs votent la guerre de Rome à l'*extérieur*, en attendant qu'ils l'entreprennent à l'*intérieur*. Vainement on signale le danger ; vainement le général Lamoricière montre le Bas-Empire étendant déjà les mains sur les libertés, sur l'honneur de la France : on est sourd à sa voix. La réaction vote la loi du 31 mai, l'état de siége dans 14 départements, la confiscation de toutes les garanties libérales. Le 2 décembre peut s'accomplir impunément. Après un simulacre de protestation, la masse des conservateurs applaudit. On se rue dans la servitude. Si quelques dissidents se mettent à l'écart sous prétexte d'amour pour le parlementarisme, c'est que le dictateur dédaigne leur avis et leur refuse une place au pouvoir.

Le canon de Reichshoffen, de Spickeren et de Sedan montre les conséquences de l'attentat de 1851. Le dégoût universel laisse tomber, au 4 septembre, le second Empire, sans qu'il se produise un simulacre de résistance. Pour la troisième fois, la République recueille l'héritage sanglant. Encore une fois la France demande son salut, non aux Bourbons, mais au gouvernement démocratique.

Cette fois, la leçon semble complète. Impossible de fournir une démonstration plus concluante que cette révolution pacifique, chassant les Bonaparte, comme 1830 et 1848 avaient expulsé les Bourbons aînés et cadets. Le peuple prouve de nouveau sa ferme volonté de ne plus vouloir gémir sous l'oppression d'une dynastie quelconque.

Les actes de l'ombre de République (1) qu'on

(1) On ne saurait trop insister sur ce fait que jamais la République n'a pu doter la France des bienfaits du gouvernement démocratique ; toujours, au lendemain même de sa proclamation, son existence était mise en contestation. En

laisse subsister depuis la guerre, placés en regard des agissements des monarchistes, témoignent en faveur de la sagesse de l'instinct des masses. En effet, l'emprunt fabuleux des 5 milliards, réalisé d'une manière si éclatante; les élections complémentaires faites jusqu'à ce jour au milieu d'un calme parfait et presque toujours au profit des candidats de la démocratie; la discipline sévère du parti populaire en face des divisions bruyantes des trois clans monarchiques; la patience admirable des patriotes, sûrs de l'avenir, sous le coup des persécutions de la réaction; l'impuissance d'une monarchie à tenter une réforme quelconque; la nécessité d'appuyer toute restauration sur les baïonnettes de l'armée; le sacrifice inutile pendant 20 ans, du sang et de l'or de la France pour la conservation, au profit du pape, de ce domaine temporel, incorporé néanmoins,

effet, de 1792 à 1800, la patrie eut constamment à lutter contre l'étranger, agissant de concert avec les conspirateurs royalistes de l'intérieur. La France fut un vaste camp et non une démocratie en pleine possession d'une action incontestée et paisible. En 1848, dès le mois de mars, les conservateurs de l'époque, les soi-disant *honnêtes* et *modérés* s'agitaient, intriguaient pour l'étouffer. Napoléon et ses complices employèrent trois ans pour préparer l'attentat de Décembre. Le Président de la République tourna contre elle l'épée qu'on lui avait mise entre les mains pour la défendre. De nos jours on a inventé le *pacte de Bordeaux*, et l'*ordre moral* pour paralyser son action. On a chassé du pouvoir M. Thiers et le pâle ministère du centre gauche modéré, uniquement parce qu'ils voulaient changer le *provisoire* en *définitif*. Le septennat est qualifié de vestibule de la monarchie.

d'une manière définitive, au royaume d'Italie ; la guerre imminente avec cette puissance appuyée de la Prusse, au lendemain de l'érection d'un trône sous les auspices du parti ultramontain ; la constitution unitaire de l'Allemagne sous un sceptre luthérien ; l'envahissement constant du protestantisme qui, outre l'Angleterre et d'autres royaumes, possède actuellement, en Europe, deux empires formidables, et qui, après avoir absorbé les trois quarts de la Pologne catholique, vient d'entamer la France ; enfin, la difficulté pour le pays de faire les frais d'une liste civile, difficulté démontrée, il y a quelques mois, par les discussions parlementaires qui n'ont pu aboutir encore à voter les 42 millions d'impositions nouvelles nécessaires pour équilibrer les recettes et les dépenses du budget : ces motifs, entre mille, démontrent la sagesse du peuple et la folie des royalistes s'acharnant à vouloir faire remonter à un fleuve son courant, à imposer à la France une monarchie. Hélas ! rien ne peut convaincre des hommes qui considèrent les fonctions publiques comme un patrimoine, le pays comme une ferme à exploiter. La République veut accorder ses plus grandes faveurs non au privilége, mais au mérite et à la vertu. Elle désire répandre partout la lumière et l'instruction. Elle ambitionne de rendre à la France, par l'éclat de notre tribune parlementaire, l'influence qu'autrefois notre patrie exerçait sur le monde. Ce programme la condamne aux yeux des meneurs du soi-disant parti conservateur. Périsse notre mémoire, s'écriaient nos grands Conventionnels, mais que la liberté soit sauve! Périsse la liberté, s'écrient les fanatiques du trône et de l'autel, mais que le favoritisme puisse s'enrichir des libéralités d'une liste civile quelconque!

SECONDE PARTIE

LA RÉPUBLIQUE (1)

CHAPITRE PREMIER

NÉCESSITÉ DU GOUVERNEMENT DÉMOCRATIQUE

La vapeur et l'électricité, en menant rapidement en contact les peuples divers, en favorisant les relations internationales, ont brisé les barrières morales et matérielles qui séparaient autrefois les

(1) A. MARRAST, dans son rapport sur la Constitution de 1848, a démontré en ces termes l'excellence des institutions républicaines : « Le moyen de les éviter (les révolutions), c'est d'organiser les institutions de manière que toute idée juste, toute application utile puisse s'y encadrer sans effort : que le mouvement des esprits et des faits se régularise en s'appliquant ; que toute amélioration puisse passer de la conviction d'un seul dans l'opinion du plus grand nombre, et de l'opinion dans les lois, sans autre trouble que l'agitation causée dans l'atmosphère politique par le mouvement et la calme chaleur de la lumière.

Que faut-il pour cela ? Adopter une forme de gouvernement flexible, pénétrable aux intérêts comme aux idées, où

populations du globe. Plus de lois prohibitives possibles pour un long terme (comme, par exemple, le refus constant de Napoléon de conclure un traité postal avec les Etats-Unis, par peur de la presse libre sans doute) (1). A moins de rompre ou d'entraver les rapports commerciaux avec les pays émancipés et dotés d'institutions libres, ce qui est absolument impossible de nos jours, il faudra, tôt ou tard, se résigner à laisser le progrès accomplir son œuvre. Or, cette œuvre, c'est l'établissement de la *liberté* (liberté individuelle, de travail, de conscience, de presse, de réunion, d'association, etc.) l'inauguration réelle de l'*égalité* civile et politique, la réalisation, dans les limites possibles à l'Etat, au Département et à la Commune, de la *fraternité*, en d'autres termes, l'établissement définitif de la RÉPUBLIQUE.

le sentiment public trouve toujours son expression sincère et dont le moule soit rebelle à l'ambition ou à la violence des minorités.

Voilà ce que réalise le gouvernement républicain à l'aide du suffrage universel direct, qui est son principal instrument. Avec le suffrage universel, tout peut être défectueux, mais tout est temporaire et corrigible. Nulle exclusion, ni pour aucun homme, ni pour aucune doctrine ; hommes et doctrines ont un seul juge, la majorité nationale. Contre ses erreurs possibles, la minorité convaincue et tranquille a pour elle la liberté de la parole, de la presse, de l'association, et le *temps*, cet auxiliaire infaillible de la vérité.... »

(1) ...La proscription par Bismark, des journaux français en Alsace-Lorraine, l'interdiction, en France, de certains journaux suisses, etc.

Déjà un grand pas est fait dans cette voie chez presque toutes les nations de l'Europe. La monarchie constitutionnelle, la première étape vers le gouvernement démocratique, a remplacé dans nombre d'Etats le pouvoir absolu.

La France, déjà en possession de la souveraineté nationale, de l'égalité politique, exprimées par le suffrage universel intégral et direct, n'a plus qu'à se dégager des dernières attaches monarchiques qui la paralysent (centralisation excessive, négation de l'instruction gratuite et obligatoire, union de l'Eglise et de l'Etat, etc.), et d'organiser les institutions républicaines, pour reprendre à la tête des nations le rang éminent que lui assignent les services passés rendus à la cause de la civilisation et du progrès. A cet effet, il suffit d'introduire dans notre législation certaines réformes qui font circuler le mouvement et la vie dans les Républiques *de fait* aussi bien que de *nom*. Rien de plus instructif à cet égard que de voir la démocratie à l'œuvre en Suisse, et mieux encore aux Etats-Unis d'Amérique.

CHAPITRE II

LA LIBERTÉ

L'Union américaine compte à peine un siècle d'existence. Dans ce court espace de temps, elle s'est élevée au rang des peuples les plus puissants, les plus prospères du monde. Du chiffre de quelques millions d'âmes, sa population est montée à près de 40 millions d'habitants. Son commerce égale en importance celui des pays les mieux favorisés. Sa marine marchande rivalise avec celles des grandes nations de l'Europe. Très souvent ses productions agricoles viennent combler le déficit de celles de notre continent.

Quel est le moteur de cette prospérité sans égale? — La LIBERTÉ, c'est-à-dire, *le droit pour chaque citoyen de faire tout ce qui ne nuit pas à autrui*, la liberté qui attire sur le sol de l'Union les nombreux émigrants à la recherche d'une nouvelle patrie au-delà de l'Océan. Maîtres d'aller au *Canada*, au *Mexique* ou dans l'*Amérique du Sud*, ils préfèrent se rendre au pays où fleurit la liberté, où la main d'un maître ombrageux ne se fait sentir nulle part, où règne la *liberté de conscience*, où, sans entraves, ils peuvent donner carrière à leurs facultés physiques et intellectuelles.

Le *self government :* voilà la fée dont la baguette magique transforme en 40, 50 ans, une petite bourgade en une cité de près d'un demi-million d'âmes (1), qui convertit de vastes districts inhabités en un pays semé de villages, de fermes, entourés de riches moissons.

Les principales prérogatives du *self government* sont : la liberté individuelle, — de presse, — de réunion, — d'association, — de conscience, etc.

Disons un mot sur chacune de ces libertés précieuses, telles qu'elles fonctionnent aux Etats-Unis.

LIBERTÉ INDIVIDUELLE. — « Tout homme est réputé honnête jusqu'à preuve du contraire, » tel est l'axiome qui assure à l'immigrant aussi bien qu'au citoyen établi le droit d'aller, de venir, de disposer de sa personne, sans la permission, l'intervention d'une autorité quelconque. Cette sage maxime est le fondement de la liberté individuelle, la plus précieuse de toutes les garanties républicaines, celle sur laquelle reposent entièrement les prérogatives de l'homme libre. En effet, sans l'indépendance absolue et personnelle de l'écrivain, de l'orateur, que deviennent la liberté de la presse, de la parole ? comment exercer, en toute sécurité, les droits de réunion, d'association, etc. ?

LIBERTÉ DE LA PRESSE. — « Si la liberté de la

(1) Saint-Louis (Etat du Missouri), Chicago (Etat de l'Illinois).

presse, dit un auteur anglais, pouvait exister dans un pays où le despotisme le plus absolu réunit dans une seule main tous les pouvoirs, elle suffirait seule pour faire contre-poids. » Les Américains partagent l'opinion du publiciste britannique sur la puissance de la presse ; aussi, la liberté d'écrire est-elle illimitée dans la grande République. Pas de cautionnement ou d'intervention d'une autorité quelconque. Les procès de presse intentés par le gouvernement y sont inconnus. Seuls, les citoyens qui se trouvent lésés injustement ont recours à la justice. Quant aux fonctionnaires publics, ils se savent surveillés par tous, surtout par le parti opposé à celui qui les a élus. Cette surveillance active, incessante, est le frein qui les arrête devant l'accomplissement de tout acte arbitraire, inique, déshonnête. La presse devient ainsi un préservatif infaillible contre les empiétements que les élus pourraient tenter contre les droits de leurs mandants. Elle est un gage de moralité, d'honnêteté. Relativement aux excès que pourrait commettre le journalisme, les patriotes de l'Union disent avec Loustalot (*Révolutions de Paris, 1790*) :

« Une calomnie imprimée est facilement détruite » par une vérité imprimée. Poursuivre les auteurs » des ouvrages incendiaires, c'est les rendre cé» lèbres, c'est donner une espèce de consistance à » leurs extravagances. Il faudrait, pour qu'un pam» phlet pût produire une explosion subite, qu'au

» moment où il paraîtrait, tout un peuple perdit
» la faculté de réfléchir, de parler, d'imprimer ou
» d'écrire, tout en conservant celle de lire, de
» comprendre et d'agir. »

Rien de plus juste que cette appréciation. Qu'un écrivain essaie d'attaquer l'une des bases de la société (ordre, propriété, famille, religion), il verra le dégoût universel faire justice de son aberration mentale.

Droit de réunion. — Comme la liberté de la presse, le droit de réunion n'est soumis à aucune restriction. Qu'il s'agisse d'affaires personnelles, locales ou générales, l'Américain pense qu'on ne saurait jamais répandre trop de lumières sur un débat. Ceci explique la faveur universelle dont jouissent les *meetings*, la facilité que possèdent nombre de citoyens de manier la parole, la rapidité et la concision avec lesquelles on mène, on épuise les discussions les plus ardues.

Liberté d'association. — Non moins complète que les autres libertés est celle de s'associer. Cependant, il faut l'approbation des autorités locales ou celle des représentants de l'Etat, quand il s'agit de corporations pouvant devenir assez puissantes pour créer un Etat dans l'Etat. Cette restriction, qui a pour but de défendre l'intérêt général contre celui de groupes de particuliers, est conforme à la justice.

Liberté de conscience. — Cette liberté est absolue aux Etats-Unis. L'Etat ne reconnaît, ne salarie aucun culte. Chacun exerce sa croyance religieuse individuelle au seul gré de ses convictions. La théorie de M. de Cavour : « *L'Eglise libre dans l'Etat libre* » est réalisée dans la grande République. Les diverses sectes protestantes (luthériens, méthodistes, baptistes, presbytériens, unitairiens, anglicans, etc.), les catholiques romains, les israélites, les francs-maçons, les libres-penseurs, les spirites, etc. etc., tous ont leurs temples, églises, synagogues, halles, etc., placés parfois à quelques pas les uns des autres. Chacun exerce librement son culte sans s'occuper de celui de son voisin. L'Etat intervient uniquement pour écarter tout obstacle de nature à troubler la jouissance de ce droit précieux.

Voilà quelques-unes des libertés dont jouit paisiblement l'Américain. Pourquoi leur application serait-elle impossible chez nous ? Sommes-nous moins amis de l'ordre que ce peuple qui chaque année reçoit sur son territoire près d'un demi-million d'émigrants, de déclassés, de nomades, partant d'hommes supposés peu enclins à se plier aux prescriptions de réglementations quelconques.

CHAPITRE III

L'ÉGALITÉ

La théorie inscrite dans nos diverses constitutions et si fortement controversée : *tous les Français sont égaux devant la loi*, etc., cette théorie est une vérité aux Etats-Unis. Là, nulle distinction de caste, de secte ou d'origine. On ne s'incline que devant la seule supériorité du mérite et de la vertu.

Les fonctions, toutes *électives* et temporaires, sont conférées à la capacité. En général, le peuple ne délègue que les pouvoirs qu'il ne peut exercer lui-même et ne se dessaisit que pour le temps le plus court possible, du droit de renouveler le mandat de ses représentants. Ceux-ci ont-ils été fidèles à leurs engagements, probes, actifs, intelligents ? On leur continue le mandat. Ont-ils, au contraire, failli à leur devoir ? On les remplace. Grâce aux brigues des divers partis, chacun d'eux se fait un point d'honneur d'être représenté dignement. Il s'agit d'avoir, aux élections, un *strong ticket* (une liste de candidats d'élite). De là le choix de citoyens sachant manier la parole, laborieux, rompus aux affaires, et jaloux d'obtenir l'approbation, comme administrateurs, même de leurs adversaires politiques. C'est l'émulation du bien public érigée en maxime d'Etat. Inutile d'ajouter qu'il ne vient pas à l'idée des commettants de mettre en suspicion la source de leurs pouvoirs, en essayant d'enlever le droit de suffrage à une portion de leurs mandants. Des royalistes seuls peuvent rêver la perpétration d'un pareil acte de félonie. En Amérique, on s'occupe des moyens d'étendre les franchises électorales, plutôt que de songer à les restreindre (1).

L'aptitude pour les fonctions publiques, si générale aux Etats-Unis, surprend quiconque ignore la somme de connaissances qu'ajoutent à l'éducation puisée dans les écoles publiques (gratuites à tous les degrés), la lecture des journaux quotidiens, dont le texte compacte et le très-grand format permettent d'aborder tous genres de questions, la fréquentation des nombreux *meetings* publics et privés, enfin, les discussions dans les diverses sociétés (maçonniques, de bienfaisance, de tempérance, d'éducation, etc.) auxquelles s'attachent presque tous les Américains.

(1) Nos législateurs ont décrété l'*égalité* du service militaire. L'impôt du sang est obligatoire pour tout jeune Français. Voilà le *devoir*. Où est le *droit* ? On maintient l'*inégalité* devant l'instruction, devant le fisc. On veut l'établir devant le scrutin par la mutilation du suffrage universel. On arrache le bulletin de vote à celui auquel pendant 5 ans, pendant 10 ans on a imposé le fusil. On rejette l'impôt sur les revenus, et on surcharge de taxes la consommation du pauvre. Où est l'égalité, la justice ?

CHAPITRE IV

LA CENTRALISATION ET LE SELF GOVERNMENT

Le principe vicieux qui frappe de mort les gouvernements monarchiques, c'est la *centralisation* à outrance (l'opposé du selfgovernment) que pour la défense du trône, le souverain est obligé d'adopter et d'exagérer à mesure que la durée de son règne se prolonge. Représentant d'un passé qui n'a plus de racine dans le pays, négation vivante du dogme des sociétés modernes, — l'égalité, — mandataire de la minorité de la nation, le monarque est exposé sans cesse à voir son pouvoir contesté par la majorité libérale, maîtresse de l'opinion, grâce aux principes qu'elle représente. Cette position précaire, inacceptable, le contraint d'avoir recours à la compression pour imposer silence aux adversaires et paralyser l'action de leurs doctrines. De là ces mille mesures dictatoriales, les lois antilibérales dont fourmillent nos codes. Loin de s'occuper de l'avenir de la patrie, de son relèvement, le souverain doit défendre le *statu quo* par la force et la corruption. Aussi, des cabinets du monarque et des ministres, les ordres arbitraires vont-ils aux préfectures, aux parquets, aux commissariats de police, à la gendarmerie, aux mairies, etc., et mettent en mouvement tout le personnel administratif, depuis le fonctionnaire le plus élevé jusqu'à l'humble garde champêtre. On a recours à l'intimidation, à la corruption, à la calomnie, même à l'arrestation arbitraire. Par tous les moyens possibles, il faut obtenir une chambre dévouée, servile, des pouvoirs locaux (électifs ou non) composés de sourds et d'aveugles. Le peuple maintenu dans une ignorance absolue de la vraie situation des affaires de l'Etat, grâce à la presse asservie, au droit de réunion interdit ou entravé, privé d'armes, de peur de révolte, se désintéresse des intérêts publics. Les masses ne savent plus qu'obéir. Elles doivent se reposer aveuglément sur le gouvernement, *le maître* (1).

Grâce à ces expédients, tristes résultats de la centralisation, on gagne quelques années. Le système s'impose à la nation, encaisse les listes civiles, les dotations, obère le budget jusqu'au jour où une révolution brise le savant, mais fragile échafaudage de compression et d'arbitraire. Voilà l'histoire de la centralisation à outrance pratiquée chez nous par les deux empires, par les Bourbons aînés

(1) Quand survient une catastrophe, une invasion, comme en 1870, le peuple est impuissant pour défendre le sol natal. L'ennemi s'implante au milieu des populations, les rançonne, parcourt sans rencontrer de résistance sérieuse des centaines de lieues, en faisant garder ses communications par une poignée d'hommes seulement. La compression lui a livré le pays et les habitants pieds et poings liés.

et cadets. Quel est le résultat de ce beau système? La Lorraine et l'Alsace perdues; une dette consolidée, permanente, de près de 21 milliards.

Pour sortir de ce cercle vicieux qui conduit la France, en l'épuisant, de restauration en révolution et en invasion, il faut inaugurer le *selfgovernment* (1), et par là infuser à la nation une vie nouvelle. Il importe que, comme l'Américain, chaque Français dise : *I am a man*, je suis un homme, une unité vivante, agissante dans la nation, et non une machine à voter, à obéir, à payer sans savoir pourquoi. A moi le droit et le devoir de connaître directement, sinon personnellement, mes mandataires, de scruter les actes de chacun d'eux, depuis le conseiller municipal, le conseiller général et d'arrondissement, les députés, jusqu'au chef de

(1) La centralisation n'existe pas aux Etats-Unis. Le pouvoir fédéral n'a guère d'action directe que sur l'armée (20 mille hommes environ), les postes, les douanes, et les agents diplomatiques. L'administration intérieure de chaque Etat appartient aux fonctionnaires élus *ad hoc* par le suffrage universel (Gouverneur, Vice-Gouverneur, secrétaire d'Etat, Congrès, Sénat, Juges, etc.) Quant au pouvoir local (Maire, Conseillers, etc.), il est également le fruit de l'élection. Tous ces mandataires sont soumis à la censure constante de l'opinion exprimée par la presse et dans les meetings. De là, impossibilité absolue pour les élus de s'ériger en tuteurs de leurs mandants. Esclaves de la loi, ils lui doivent une obéissance complète. Aussi, l'état de siége, la suppression des journaux, l'interdiction de la vente sur la voie publique, les destitutions arbitraires, tous ces actes autocratiques qui constituent l'arsenal de la centralisation, sont-ils inconnus dans la République modèle.

l'Etat. Mais, à cet effet, il me faut une presse libre, appuyée sur un droit de réunion affranchi de toute entrave. Chaque élection devra être précédée par la discussion des principes et du mérite des candidats. Ceux-ci viendront développer eux-mêmes ou par délégués, leur programme. Fréquemment, ils devront me rendre compte, et recevoir de mon suffrage libre et éclairé une investiture nouvelle. Mon attention se portera sur les affaires de la commune, du canton, *organisé démocratiquement*, comme sur celles de la politique intérieure et extérieure de la France. Plein de respect pour le droit des minorités, je ne leur contesterai pas la latitude de surveiller les élus de mon parti, de propager leurs idées propres par le moyen pacifique de la persuasion. De la discussion jaillit la lumière. Les brigues légitimes entretiennent la vie dans le corps social, de même que la liberté l'alimente, que l'instruction ouvre des horizons nouveaux. Il faut que la tribune française reconquière son ancien éclat, que le monde attentif se passionne, comme par le passé, pour nos débats parlementaires, que les nobles principes inscrits dans la Constitution et les lois, nous fassent autant d'amis et d'alliés que l'humanité compte d'âmes généreuses et d'hommes intelligents. Par là, nous retrouverons le levier puissant qui, en 1789, ébranla l'absolutisme en Europe, et, en 1830, 1848, nous montra partout des partisans, des défenseurs de nos idées. La liberté, l'égalité en action chez nous, ébranleront plus fortement le césarisme militaire actuellement si arrogant, que les victoires les plus sanglantes. Les conquêtes des idées sont les seules durables. Aussi, bientôt deviendra-t-il impossible d'ameuter contre nous les nations sous prétexte de desseins annexionnistes de notre part. Les frontières créées hier seront la porte par laquelle s'introduiront chez le vainqueur les dogmes républicains. Bientôt les armements ruineux qui, chez toutes les nations de l'Europe, engloutissent annuellement des centaines de millions et cloîtrent dans les casernes toute la jeunesse valide, deviendront impossibles par l'opposition des peuples. Une ère nouvelle sera la conséquence de l'introduction chez nous de ce *selfgovernment*, qui fonctionne en Amérique et en Suisse.

CHAPITRE V

ENSEIGNEMENT GRATUIT ET OBLIGATOIRE

Selon M. G. Ranville, le dernier ministère de Charles X regardait « comme inutile au peuple et nuisible au BON ORDRE, *cette extrême facilité donnée aux dernières classes d'acquérir une instruction qui ne sert qu'à éveiller des sentiments d'ambition et le dégoût des travaux obscurs du cultivateur et de l'artisan.* » Nos clérico-royalistes partagent cet avis. Aussi, proclament-ils l'enseignement primaire gratuit et obligatoire une utopie aussi dangereuse qu'impraticable. Vainement leur montre-t-on l'*obligation* fonctionnant non-seulement en Allemagne depuis de longues années, mais encore dans nos pauvres provinces annexées (1);

(1) La domination des royalistes-cléricaux sur l'enseignement n'a été que trop fatale à l'Alsace-Lorraine. Pendant plus de 200 ans, ces deux provinces ont fait partie de la France, et, dans deux siècles, elles n'ont pu apprendre la langue de la patrie bien-aimée. Sous prétexte d'enseignement religieux à inoculer avant tout, la jeunesse gaspillait des années précieuses à l'étude unique, aride, *en allemand*, du catéchisme et de la Bible. L'instituteur, soumis au clergé, se voyait honni, persécuté, dès qu'il voulait donner la préférence à l'étude du français sur les matières religieuses écrites

vainement cite-t-on l'exemple de l'Union américaine, où la *gratuité* a élevé à un si haut degré l'horizon moral ; où, grâce à l'absence, dans l'école de l'enseignement religieux SECTAIRIEN, nombre de jeunes gens trouvent le temps d'apprendre, en même temps que la langue nationale, l'anglais, une ou deux autres langues vivantes ; vainement l'invasion a-t-elle démontré que trop d'ennemis avaient appris le français dans les classes obligatoires d'Allemagne ; rien ne peut convaincre une résistance systématique. On combat la réforme par les plus misérables arguties : pénurie du trésor public, respect du droit des pères de famille, etc. Les mêmes hommes qui ont voté le service militaire et l'aumônier obligatoires, qui accorderaient avec enthousiasme une dotation de 40 à 60 millions par an à une famille royale quelconque, crient à l'impossibilité dès qu'il s'agit de quelques

et enseignées dans l'idiome germanique. C'est ainsi que de nombreuses générations, françaises de cœur et d'âme, sont restées allemandes pour la langue. La Prusse a exploité habilement cette faute pour colorer sa spoliation. Elle venait, disait-elle, délivrer du joug de la France des frères allemands arrachés à la mère-patrie. Tout récemment, Bismark, après la noble protestation de Teutsch et l'apostasie de l'évêque de Strasbourg, Rœss, a eu la satisfaction de voir certains mandataires alsaciens donner une apparence de raison à la thèse prussienne en plaidant, au Reichstag, dans l'idiome teutonique, une cause perdue à l'avance. — Avec l'enseignement gratuit et obligatoire pendant un demi-siècle seulement, nos malheureux frères annexés auraient oublié presque entièrement la langue des envahisseurs germains.

millions pour l'instruction des enfants du peuple. Le clergé qui, pendant les années précédant la première communion, impose et obtient sans murmure l'*obligation* pour la fréquentation quotidienne de la messe et du catéchisme par les « postulants, » le clergé anathématise l'enseignement obligatoire. Eh quoi ! 24 heures par semaine (six heures pendant quatre jours) imposeraient aux familles une charge trop lourde pour qu'on ne puisse décréter, dans la seconde moitié du XIXe siècle, l'obligation de l'enseignement primaire ?

Le motif réel de l'opposition, c'est qu'on ne veut pas rompre avec les errements du passé. L'étude automatique du catéchisme et de l'histoire sainte ont formé jusqu'ici la base essentielle, presque unique, de l'enseignement dans les campagnes. Les intelligences peu ouvertes, les enfants peu assidus à l'école ont dû consacrer, avant la première communion (de 10 à 12 et 13 ans) presque tout le temps à l'étude aride de ces deux matières. L'instituteur n'a pu faciliter la tâche ingrate par des explications appelant l'intelligence au secours de la mémoire. Que dire, en effet, des mystères ? Comment expliquer des textes de la nature de ceux-ci : « ....Et elle (Marie) a conçu par l'opération du Saint-Esprit (Angelus)... Et béni est le fruit de vos entrailles.... (Ave maria). L'œuvre de chair ne désireras, qu'en mariage seulement. (Décalogue) »

On comprend que l'étude de livres où des passages de ce genre surabondent, exige une récitation automatique et l'absence de tout raisonnement.

D'autre part, jusqu'ici, l'école a dû se plier, à toute heure du jour, aux volontés du clergé, pour les cérémonies ordinaires et extraordinaires du culte (office journalier de la messe, baptêmes, mariages, enterrements, fêtes exceptionnelles, etc.). L'instituteur, chantre, sacristain, sonneur, quitte sa classe avec ses meilleurs élèves (enfants de chœur et aides-chantres), pour se mettre à la disposition de l'officiant. Que de temps gaspillé de cette manière ! Est-ce par la continuation de ces errements qu'on relèvera la France, qu'on infusera une vie nouvelle aux jeunes générations ? Assurément non.

Aujourd'hui il s'agit d'innover, d'imiter, que dis-je ? de surpasser l'Allemagne. A cet effet, nulle considération étroite ne doit enchaîner le zèle, la liberté de l'instituteur. Que l'enseignement du dogme devienne la part exclusive des ministres de chaque culte spécial. L'étude raisonnée des autres connaissances (morale générale, langues, histoire, géographie, mathématiques, agriculture, notions élémentaires des sciences physiques et naturelles, musique, etc.) constituera la part de l'Etat. Comme en Amérique, toutes les heures du dimanche et du jeudi, le mois de vacances, les instants libres, en dehors des heures obligatoires de classe, seront suffisants pour l'étude de la religion. La nécessité de répondre simultanément aux exigences de l'enseignement de l'école et de l'église, stimulera le zèle, l'activité des parents et des enfants. Le progrès ne peut que gagner à la réforme. Malheureusement, le clergé ne voudra pas abdiquer sans combat son rôle omnipotent dans l'école, pas plus qu'il ne consentira bénévolement à la séparation de l'Eglise et de l'Etat.

CHAPITRE VI

SÉPARATION DE L'ÉTAT ET DE L'ÉGLISE

Cette séparation est-elle impossible, comme on affecte de le croire ? Non assurément, puisqu'elle existe aux Etats-Unis au plus grand profit des cultes et de l'Etat. Quelles sont les objections matérielles qu'on met en avant ? La difficulté, pour les divers ministres, de subsister sans le secours du trésor public. Prétexte spécieux, qui met en doute la ferveur, la libéralité des fidèles. Qui donc fournit les ressources affectées au budget des cultes, sinon la masse des contribuables ? L'Etat reçoit d'une main les fonds que de l'autre il remet aux ministres des religions qu'il reconnaît et salarie. Pourquoi ne pas laisser aux fidèles de chaque communion le soin de verser eux-mêmes leur appoint contributif entre les mains de leurs pasteurs ? C'est ce qui a lieu aux Etats-Unis, où les différentes sectes, non-seulement salarient leurs ministres, mais encore fournissent les moyens de construire et d'orner leurs temples respectifs.

Indépendantes vis-à-vis de l'Etat, affranchies de toute immixtion dans les écoles publiques où l'on enseigne les grandes vérités sociales (existence de Dieu, immortalité de l'âme, devoirs de l'homme envers lui-même, envers ses parents, envers la société, respect de l'ordre, de la liberté, de la famille, de la propriété, des religions, etc.), les diverses communions religieuses ne voient pas leur prospérité attachée au triomphe de l'un des partis qui se disputent le pouvoir. Les ministres, désintéressés des questions politiques, n'ont à froisser les convictions d'aucun de leurs adhérents, qu'ils soient enrôlés dans les rangs des *radicaux* (maîtres du pouvoir depuis de longues années) ou dans ceux des *conservateurs.* Les querelles si fréquentes que soulèvent, en Europe, les *concordats*, c'est-à-dire l'alliance de l'Eglise et de l'Etat, sont inconnues dans l'Union américaine. La presse politique s'occupe rarement de questions de religion, de culte. Ce qu'elle publie est à titre d'information, de nouvelle. Il faut une provocation directe des feuilles religieuses spéciales, pour amener le journalisme sur le terrain dogmatique. Le courant puissant de la tolérance, de la liberté, agit sur les ministres de toutes les sectes. Appelés, du reste, au service du culte par une vocation sérieuse et non par l'appât d'une position sociale, forcément précaire, vu qu'elle dépend des libéralités des fidèles, ils entrent dans une véritable communion spirituelle avec leurs ouailles. Pour captiver l'attention de leurs auditeurs, ils cultivent leur talent comme prédicateurs, attirent au temple un chœur de chanteurs qui exécutent les œuvres des grands maîtres (Haydn, Mozart, Weber, etc.), en un mot, ils ne négligent aucun moyen de répondre dignement aux sacrifices que s'imposent les fidèles.

Depuis de longues années cet état de choses existe. Toutes les communions prospèrent. Des temples splendides s'élèvent partout. Pourquoi ce qui fonctionne si parfaitement de l'autre côté de l'Atlantique serait-il impossible en France ? Douter de la ferveur des fidèles, suspecter leur libéralité pour la splendenr du culte serait, de la part du clergé, l'aveu que chez nous tout est factice, que les actes extérieurs de religion sont une question d'habitude, de mode et rien autre chose. Un pareil aveu serait une condamnation.

CHAPITRE VII

CONCLUSION

Nous avons prouvé jusqu'à la dernière évidence l'impuissance absolue de la monarchie, quelle que soit sa forme, à opérer le relèvement de la France. Instrument passif du parti ultramontain, elle serait forcée d'établir à l'intérieur la compression à outrance, à l'extérieur de braver l'Europe, de faire la guerre à l'Italie et à la Prusse, sans aucun allié, pas même les catholiques allemands, comme l'ont prouvé les votes des ultramontains au Reichstag lors de la revendication des droits de l'Alsace-Lorraine. Quant aux graves questions de l'avenir de notre marine militaire et marchande, à la concurrence menaçante déjà que plusieurs puissances, y compris l'Allemagne, font à notre commerce à l'étranger, quant à l'armement de la nation pour repousser toute attaque du dehors, la monarchie est impuissante à résoudre aucun de ces problèmes : tous ses efforts devraient tendre à défendre par les baïonnettes un trône odieux au peuple.

Rien de semblable avec la République conservée, élargie, rendue à sa nature véritable. La libre-égalité, le *selfgovernment*, ces écueils de la monarchie, constituent l'essence, la vitalité, l'âme du gouvernement démocratique qui se prête pacifiquement à toutes les combinaisons, se plie à tous les changements possibles. C'est ainsi que le maréchal Mac-Mahon a pu recueillir sans secousse, par un simple vote, la succession de M. Thiers.

Avec la République, nulle proscription de journaux indigènes ou étrangers ; elle accepte, elle sollicite la lumière pour la politique, comme pour le commerce et l'industrie. Pas de dictature, de fonctionnaire imposé, autocrate ; pas de candidat officiel. Des élections fréquentes pour toutes les fonctions, élections précédées de discussions par la parole et la presse, affranchies l'une et l'autre de toute entrave. Le vote de la majorité conférant la fonction pour un temps rigoureusement déterminé. Pas de liste civile ni de dotations ; la suppression de tout traitement inutile ; la réduction des appointements éxagérés ; l'économie la plus stricte possible dans les évaluations budgétaires. L'impôt sur les revenus allégeant les taxes qui frappent le pauvre ; l'instruction gratuite et obligatoire, corollaire du service militaire obligatoire ; le suffrage universel intégral et direct ; les libertés de travail, d'association, de conscience garanties ; le canton organisé démocratiquement ; la commune affranchie ; les attributions des administrations départementales élargies ; l'Eglise libre dans l'Etat libre : voilà les bienfaits que la République nous tient en réserve.

Le programme de la démocratie, pour la politique EXTÉRIEURE, n'est pas moins libéral, moins large. Libre de toute pression cléricale, opposée à toute idée de conquête par la force ; pleine de foi dans le progrès pacifique dont ses doctrines sont la formule la plus élevée ; confiante dans les effets inévitables de l'expansion des idées de fraternité des peuples, de civilisation et de justice dont elle est l'expression la plus parfaite ; éclairée sur la puissance de la tribune française par les événements de 1789, 1830, 1848 et même de 1870 (1), la République, confiante dans l'avenir, se trouve dans le présent en excellentes relations avec tous les gouvernements du monde qui l'ont reconnue sans arrière-pensée, et qui voient en elle, à l'exclusion de la monarchie, un gage de paix, de tranquillité, de stabilité.

En effet, l'*Italie* attend de son établissement définitif le calme, l'apaisement dans la Péninsule, et la fin de cette agitation que les intrigues des royalistes français avec le Vatican alimentent depuis trois ans. L'*Espagne* espère de sa proclamation la fin de la guerre civile cruelle que soudoient et encouragent les partisans du droit divin de France. L'*Angleterre*, l'*Autriche* et la *Russie* comptent sur sa fondation pour rompre l'alliance italo-prus-

(1) Après le 4 septembre 1870, les associations de travailleurs allemands, les libéraux (Jacoby, Simon de Trèves, etc.), la presse démocratique d'Outre-Rhin, plaidèrent la cause de la paix, et se prononcèrent contre l'annexion de l'Alsace-Lorraine.

sienne, cette menace redoutable d'une guerre continentale. La *Belgique*, la *Hollande*, la *Suisse* considèrent la République comme une digue puissante contre l'envahissement possible de l'Allemagne, par la possibilité qu'elle donnera à la France d'envoyer à la frontière jusqu'au dernier de ses soldats, ce que la monarchie ne saurait faire; enfin les peuples attendent dans un prochain avenir, de son action puissante quoique pacifique, la fin du césarisme qui impose le service militaire à la jeunesse valide de presque toute l'Europe; les nationalités opprimées, espèrent obtenir par elle le droit de choisir pour patrie le pays de leurs préférences.

C'est donc avec les sympathies sincères de l'Europe monarchique, c'est aux applaudissements de tous les peuples du monde que la République, « cette reine de l'avenir, » comme l'appelait Châteaubriand, peut et doit poursuivre la noble tâche de réparer les fautes des dynasties tombées pour jamais, de rendre à notre chère patrie son ancien lustre et de guider l'humanité vers des destinées meilleures. Quel bon Français voudrait lui refuser son concours pour l'accomplissement de cette grande œuvre!

FIN

TABLE

INTRODUCTION

PREMIÈRE PARTIE

LA MONARCHIE

DEUXIÈME PARTIE

LA REPUBLIQUE

Imprimerie Nancéienne. — Directeur : GEBHART.

www.ingramcontent.com/pod-product-compliance
Lightning Source LLC
LaVergne TN
LVHW010045230826
846091LV00005B/1871